© 2018 Susann Junker
Herstellung und Verlag:
BoD – Books on Demand, Norderstedt

Herz

erwärmende

Brühe

Dann

Wenn du alt
geworden bist
mich kaum
noch hörst
mich blinzelnd
ansiehst
und doch nicht
erkennst
Wenn deine
Schritte durch
einen Stock
getragen
Wenn vom Tag
nur Stunden
bleiben
weil wir den
Rest verschlafen
Dann
Liebe ich dich
IMMER NOCH

Sehnsucht

die ich habe,
nicht nach deinen Küssen.
Und doch auch!
Nicht nach deinen Händen.
Und doch auch!
Nicht nach deinem Körper.
Und doch auch!
Sehnsucht,
die ich habe
nach deinen Worten,
die mir sagen
wie du denkst.
Nach deinen Augen,
die mir sagen
wonach du schaust.
Nach deinen Schritten,
die mir zeigen
wohin du gehst.
Sehnsucht,
die ich habe
nach dem Menschen,
der du bist

Dich

Ich liebe dich,
wenn du lachst
Liebe dich,
wenn du weinst
Liebe dich,
wenn du redest
Liebe dich,
wenn du schweigst
Liebe dich,
wenn du gehst
Liebe dich,
wenn du stehst
Liebe dich,
wenn du wachst
Liebe dich,
wenn du schläfst
Liebe dich,
wenn du staunst
Liebe dich,
wenn du weißt
Liebe dich,
wenn du gibst
Liebe dich,
wenn du nimmst
Liebe dich,
wie du bist

Leidenschaft

In der Berührung
sind wir grenzenlos
Deine Hand vermag gleichzeitig
das Gefühl,
was meine gibt
Als gebe es
im Duden
nur ein einziges Wort
das sich Begehren
liest

Kennst du das?

Irgendwo
gar nicht vorbereitet
Irgendwann
ohne Absicht
Irgendwie
ohne Vertrautheit
treffen zwei Körper aufeinander

Wenn ich mir
der Zeitbegrenzung
bewusst geworden wäre
hätte ich
an Gefühlen nicht gespart
und wäre dir
noch näher gewesen

Begierde

Zu schnell
lag meine Hand in deiner
Zu hastig
zog es uns auf den Boden
Zu forsch
suchte ich nach deiner Haut
Überstürzt
öffnete ich deinen Gürtel
und mit fliegender Hast
waren wir nackt
Begierig
vergaßen wir das Schönste
den Kuss

Die Brücke

An deren Ende
hast du nicht gestanden
doch ich hab
dich gesehen

Auf ihr
hast du nicht gewartet
doch ich
hab dich gespürt

Über diese
sind wir gelaufen
ein kleines Stück
Hand in Hand

Leise

Worte,
die durch deine Stimme
Lieder singen

Blicke
die durch deine Augen
Bilder malen

Geräusche
die durch deine Ohren
tanzen lernen

Kleider
die durch deinen Körper
Seide weben

Berührung
die durch deine Hände
fliegen lernen

Küsse
die durch deine Lippen
Arme öffnen

Liebe
die durch deine Gabe
Ruhe findet

So wie

Wenn ein Vogel
seine Flügel breitet,
in den Federn
jeden Windhauch spürt

Wenn morgens auf
den Wiesen
die Tropfen sanft den
Grashalm berühren

Wenn Wellen über
Steine gleiten
und sie behutsam
an das Ufer spülen

Wenn ein Sommerregen
jede Pflanze gießt
und ihr dabei
den Atem gibt

Wenn ich deinen
Körper spüre
Dann ist es so
SO WIE

Lieben

Manchmal
denke ich,
Ich liebe dich
reicht nicht aus.
Dann
möchte ich
nach tausend Worten
suchen,
die es beschreiben
was ich fühle.
Bis ich weiß,
Ich liebe dich
reicht aus

Ver...

Ich habe mich verlaufen
in dem Irrgarten
deiner Blicke

Ich habe mich verhört
in den Klängen
deiner Worte

Ich habe mich verrannt
in den Kurven
deines Lächelns

Ich habe mich verliebt
in den Herzschlag
deines Lebens

Ich dich auch

Wenn du mich ansiehst
Wenn dein Blick
mich fängt
in deinem Blick
Wenn er berechnend,
ohne Absicht
mich nicht loslässt.
Dann halte ich
ihm stand
Und antworte
Ich dich auch

Danach

Ich schließe die Augen
schlafe neben dir ein,
bis der Morgen
uns leise ruft.
Ich werde glücklich sein,
weil du immer noch da bist
Neben mir!
und mich umhüllst
mit deiner Wärme

WIR

Ich schau in deine Augen
weil sie strahlen
Meine Augen strahlen
weil deine hinein schauen
Jetzt sind es unsere

Ich nehme deine Hand
weil sie zu mir mag
Meine Hand mag zu dir
weil du sie nimmst
Jetzt sind es unsere

Ich fühle deine Haut
weil sie weich und zart ist
Meine Haut ist weich und zart
weil du sie fühlst
Jetzt sind es unsere

Ich spüre deinen Körper
weil er so sehr nach mir verlangt
Mein Körper verlangt so sehr nach dir
weil du ihn spürst
Jetzt sind es unsere

Ich spreche Worte aus
weil du sie gedacht hast
Meine Gedanken fügen sich
weil du sie sagst
Jetzt sind es unsere

Ich liebe dich und lebe
weil du das Leben bist
Ich bin das leben
weil du mich liebst und lebst
Jetzt ist es unser

Frühling

auf den wir gewartet
Er ist jetzt da,
sagt leise guten Morgen
und scheint mit Sternen
durch die Nacht.
Erst wollte ich ihn hassen.
Du hast mich jetzt verlassen,
nicht wahr?

Immer noch

Als ich dich das letzte Mal sah,
wurden meine Gefühle schwächer.
Ich konnte aus dem Café gehen
und sagen,
dass es jetzt vorbei ist.
Als hätte ich jahrelang versucht,
dich zu benutzen,
um von dir loszukommen.

Welch ein befreiendes Gefühl
und kein Gedanke an dich
stahl mir die
ach so kostbare Zeit.
Nur eines Morgens
musste ich feststellen,
dass sich die verdrängten Gefühle
heimlich in meine Träume schlichen
Und ich rief dich an

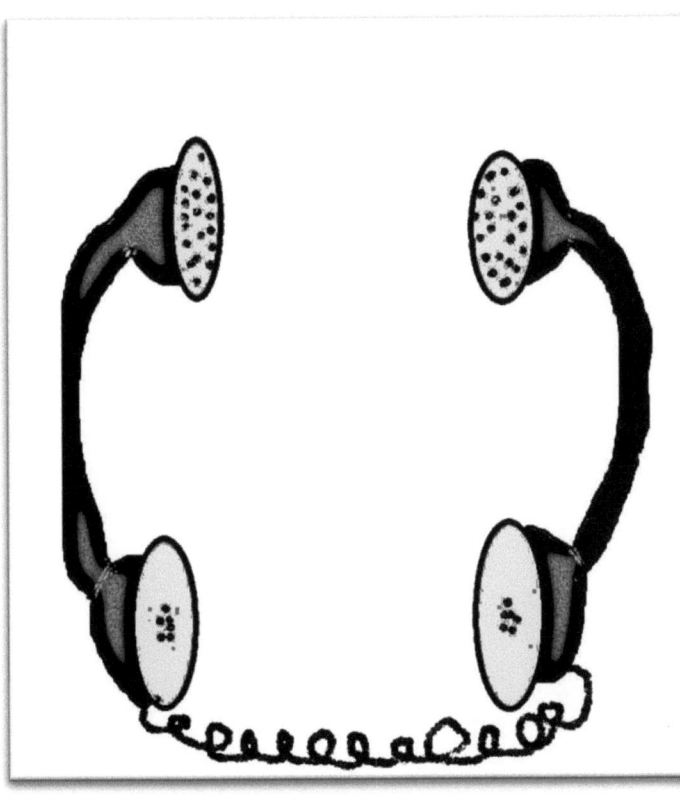

Gewürze des Alltags

Einfacher halber

Wenn ich einsehen würde,
dass ich die Leiter
nicht hinauf,
sondern
herunter klettern muss,
dass ich nicht
schneller
höher
und besser werden muss!
Dann
brauche ich keine großen Philosophen,
um zu verstehen
Ich kann leben

Ausgeliefert

Die Zeit gibt
und nimmt uns
Gefühle
Nur die
Wehrlosigkeit
dagegen
beängstigt mich

Monolog

Ich hab Angst
vor den Worten
Worte,
die ich ahne
Worte,
wenn du sie sagst
in einem Raum,
der dir gehört,
dass ich
sie stehen lasse
und gehe

Warten

Warten
vor Fahrstühlen
und weißen Wänden
Warten
vor Intensivstation
und dem OP
Warten
vor vorbeilaufenden Menschen
in Grün und Weiß und Blau
Warten
vor geschlossenen
Türen
Warten
dort, wo ich
geblieben bin
Warten
in meinem und deinem
Ausgeliefertsein
Warten

Nur DU

Du glaubst dich hässlich,
doch du bist schön
Du glaubst dich ängstlich,
doch du bist stark
Du glaubst dich wertlos,
doch du bist kostbar
Du glaubst dich überflüssig,
doch du bist notwendig

Schau, wie sie lachen,
weil du lachst
Schau, wie sie weinen,
weil du weinst
Schau wie sie leben,
weil du lebst
und
schau, wie sie lieben,
wenn du dich liebst

Danke

Danke,
die ihr nicht
meine Freunde wart
Danke,
die ihr mich
Freunde glauben ließet
Danke,
die ihr nicht
mein Vertrauen gehabt
Danke,
die ihr euch
mein Vertrauen genommen
Danke,
die ihr nicht
meinen Weg gegangen
Danke,
die ihr meinen
Weg durchkreuztet
Danke,
die ihr nicht
meine Tränen gestillt
Danke,
die ihr meine
Tränen kommen ließet
Danke,
die ihr mich
nicht kennen durfte
Danke,
die ihr
mich gekannt habt
Danke,
an euch „Unbekannte"

Freunde

Die, die dich nicht
verurteilen
Die, die dich nicht
verklagen
Die, die dich nicht
belügen
Die, die dich nicht
belassen

Die, die dich besser
sehen
Die, die dich manchmal
tragen
Die, die dich alles
fragen
Die habe ich
Gefunden

nie vorbei

Es ist stürmisch
draußen
Der Wind zaubert
eine Kerze aus
Und dennoch
ist sie da,
nie ganz erloschen
Weil es immer eine
Hand gibt,
die ihr das Feuer reicht,
um wieder zu brennen

kleiner Irrtum

Es ist vorgekommen,
dass man glaubte
zu lieben
Dabei erhielt man
nur Anstoß
zu leben

Trauma

Aus meiner Wut
ist Traurigkeit geworden
Meine Fäuste
fangen an zu weinen

Wie aber sollen
mich Tränen schützen
und Traurigkeit
vor Angriffen bewahren

Schuld

Bin ich es
weil ich dich
verlassen habe
JA

Bin ich es
weil es dir
so weh tut
JA

Bin ich es
weil ich wieder
glücklich bin
NEIN

Bin ich es
weil ich
Verlangen habe
NEIN

Nur die Zeit
wird dir die Traurigkeit
Und mir
die Schuld nehmen

Marionette

Bin ich es,
die da steht?
Die ich
Arme und Beine
austauschen kann.
Den Kopf
Den Rumpf
Bin ich es,
die da steht
austauschbar?

stilles Gespräch

Ich schweige über das,
was ich nicht sage.
Ich sage nicht das,
worüber ich schweige

Ich rede über das,
was ich nicht denke.
Ich denke nicht das,
worüber ich rede

Wer mag das
schon hören?

Seelen

Ich habe eine
gesehen
Eine Schaukel
hat ihren Hauch
vorüber geweht
Freundlich, liebevoll
und warmherzig
Offen, stark
und mutig
Sie hat ein
Lächeln da gelassen
für jeden,
der es braucht
und fühlt
sich selbst so
klein
Aber ich weiß,
sie wird wachsen
sie wird sich
selbst an die
Hand nehmen
und
weiter schweben

Auszeit

Weg sein
vom Trubel der Stadt
Befreit sein
von dem, was man hat
Genug sein
für sich und die Welt
frei sein
weil niemand uns hält
Allein sein
gestärkt voller Mut
Ich hab ihn gefunden
den Ort,
der das tut

Atmen

Ich nehme sie
tiefe Atemzüge
wieder und wieder.
Atmen,
bis mich Bilder
erreichen
Sanfte
Traurige
Bunte
Kleine
Gewaltige
Verschwommene
Klare

Ich nehme sie
tiefe Atemzüge
wieder und wieder.
Atmen,
bis mich Worte
erreichen
Laute
Kraftvolle
Zarte
Überhörbare
Leise
Vergessene
Schon Gesagte

Ich nehmen sie
tiefe Atemzüge
wieder und wieder.
Bis mich Gefühle

erreichen.
Starke
Ängstliche
Liebende
Lachende
Weinende
Sehnsuchtsvolle
Geborgene

Ich nehme sie
tiefe Atemzüge
wieder und wieder
bis mich Empfindungen
erreichen.
Schmerzliche
Schwitzende
Zitternde
Kalte
Warme
Kribbelnde
Lähmende

Ich nehme sie
tiefe Atemzüge
wieder und wieder.
Bis mich nichts mehr
erreicht
Nur noch ICH

Glücksspiel

Ich spiel keine Karten
Ich spiele das Leben
Die 1 steht für Glück
Die 2 ist die Liebe
Die 3 macht den Mut
Die 4 zeigt Verständnis
Die 5 hat noch Angst
Die 6 weint bestimmt
Ich habe verloren
der Würfel ist blind

FLÜCHTIGE ESSENZEN

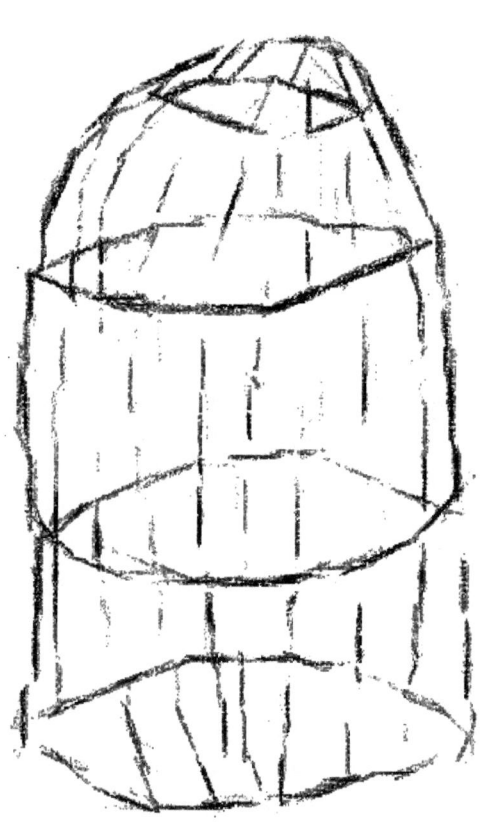

Der Käfig

Gitterstäbe ziehen Linien
über meine Augen,
alles ist gezeichnet
die Sonne
der Himmel
die Bäume
das Haus,
immer schon,
so wie die
linierten Blätter
im Deutschunterricht.
Hab nie gefragt
Warum
Und ob das ewig bleibt?
Bis ich das
Türchen öffnete
und hinausflog
aus dem Käfig.

Keine Linie mehr
zeichnet heute
meinen Blick

Im Rollstuhl

Auf Schienen
rolle ich gefesselt
in meinem Stuhl.
Zu langsam
ist meine Flucht
vor den Dingen,
die ich meine.
Wie gern möchte
ich AUFSTEHEN
und an Haltestellen,
so wie alle anderen,
warten
auf eine Bahn,
die mich
zu mir bringt

Vergeblich

Du fühlst deine Trauer
und flüchtest davor
Du fühlst deine Sehnsucht
und flüchtest davor
Du fühlst deine Liebe
und flüchtest davor
Du fühlst deine Angst
und flüchtest davor
Du fühlst deine Stärke
und flüchtest davor
Du fühlst deine Flucht
und flüchtest davor

Bleib stehen und
schau dich um
Das ist dein Schatten
der dir gehört
Vor diesem
kannst du nicht
flüchten

Flüchtigkeitsfehler

Ich flüchte vor meinen
Augen,
weil sie sehen
Ich flüchte vor meinen
Ohren,
weil sie hören
Ich flüchte vor meinem
Mund,
weil er spricht
Ich flüchte vor meinen
Händen,
weil sie tun
Ich flüchte vor meinen
Beinen,
weil sie gehen
Ich flüchte vor
MIR

Flusswörter

Ein Blatt Papier
ein Stift
und keine
Antwort
auf die Fragen
kein Rat
und keine
Taten

Ein Blatt Papier
ein Stift
und keine
Fragen
auf die Antwort
kein Beginn
und keine
Saaten

Ein Blatt Papier
ein Stift
und viele Worte
auf die Klagen
kein Ende
und kein
Tragen

Ein Blatt Papier
ein Stift
ein Fluss
Ich schreib es auf
falte draus
ein Boot
Setz es hinein
Er trägt
es fort

tränenreiche Zwiebeln

Depression

Viel zu früh
werde ich wach.
Dann ist der
Tag so lang,
der mich nicht
sehnen lässt,
nach Lachen
Glück und Fröhlichkeit.
Dabei wäre das
Doch ein Anfang
Sehnsucht!

Depression 1

In meinem Zimmer
neigen sich die
Pflanzen zum Boden
und sehen traurig aus

Wo immer ich bin
neige ich meinen
Kopf zum Boden
und sehe traurig aus

Den Pflanzen gebe
ich Wasser
Sie strecken sich
hoch
und sehen
lebendig aus

Ich gehe ins Bad
lasse Wasser
über mich laufen
doch mein Kopf
ist gesenkt
und ich bleibe
traurig aus

Depression 2

Kurz nach dem Erwachen
treffen wir uns
Zwei alte Bekannte,
die eine Beziehung pflegen,
in der nur einer liebt.
Und umso heftiger
ich versuche
dich loszuwerden,
schmiegst du dich an mich heran
Tränenreich
Traurig
Gedankenlos
erbarmungslos umarmst du mich
und hältst mich fest
Mal wieder

Leere

Da ist sie wieder!
Sie
schleicht sich in mein Zimmer
und klopft nicht an.
Ich
wünsche ihr
keinen guten Morgen
Sie
rückt noch lauter
an mich ran
Sie
breitet sich aus,
als würde ich ihr gehören
Sie
folgt mir,
wo ich auch bin
Sie
nimmt sich alles
was ihr nicht gehört
Sie
Tauscht das Lachen
und lässt mich weinen
Sie
gibt der Freude
keinen Raum
Sie
will sich ganz
mit mir vereinen
und spricht verlogen
von Vertrauen

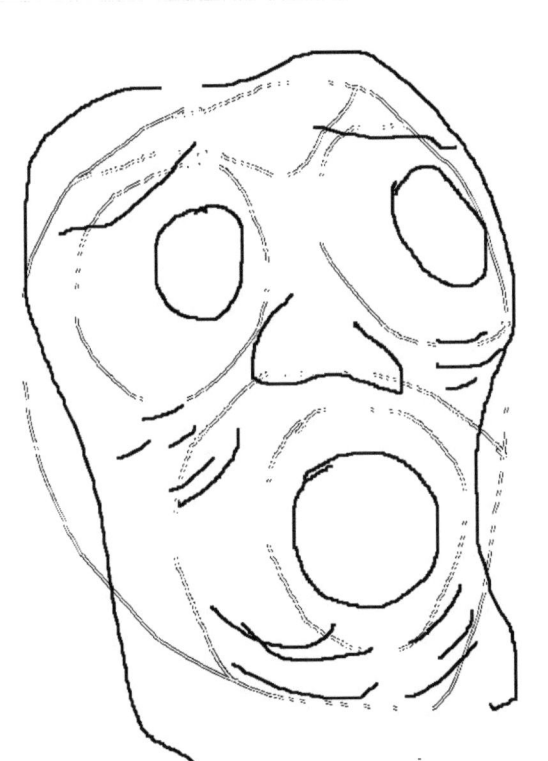

TIEFDUNKLE MEHL-SCHWITZE

Endlosigkeit

Wenn du am Morgen gehst,
nehme ich Abschied
und sehe dich am Abend wieder

Wenn du auf Reisen gehst,
nehme ich Abschied
und sehe dich in kurzer Zeit wieder

Wenn du mich verlässt,
nehme ich Abschied
und sehe dich hoffentlich wieder

Aber wenn du tot bist,
nehme ich Abschied
und sehe dich niemals wieder

Vergeblich

Wenn eine Hand
ins Leere greift
Wenn Haut
vergeblich Wärme sucht
wird beides
nicht das Meine sein
denn ich bin tot